JUTTA BLÄSIUS

Spielen mit Krippenkindern

Aktionstabletts

HERDER

FREIBURG · BASEL · WIEN

www.herder.de

Umschlaggestaltung: Sabine Ufer, Annett Jana Berndt
Umschlagfoto und Fotos im Innenteil: Jutta Bläsius
Satz und Gestaltung: Sabine Ufer, Annett Jana Berndt

Herstellung: Plump Druck und Medien GmbH, Rheinbreitbach
Printed in Germany

ISBN 978-3-451-39221-4

Inhalt

Aktionstabletts für Krippenkinder

Aktionstabletts sind nicht nur in der Kita etabliert. Auch in der Krippe sind sie mittlerweile sehr beliebt und werden mehr und mehr als Bestandteil des pädagogischen Angebotes genutzt.

Was sind Aktionstabletts?
Ursprünglich kommt die Idee aus der Montessori-Pädagogik: Auf kleinen Tabletts werden Gegenstände aus dem Alltag – beispielsweise zum Wasserschütten, zum Löffeln, zur Blumenpflege, zum Obstschneiden – zusammengestellt. Die Kinder suchen sich ein Tablett aus und beschäftigen sich damit in ihrem eigenen Tempo. Dies unterstützt sie darin, sich die Welt zu erobern, selbstständig und unabhängig vom Erwachsenen zu werden.

Gerade die Jüngsten fordern diese Selbstständigkeit und Unabhängigkeit immer wieder und sehr energisch mit einem unmissverständlichen „Will alleine!“ ein. Schließlich wollen auch sie sich in alltäglichen Dingen üben.

Was sind Aktionswannen?
Aktionswannen sind eine Erweiterung der Aktionstabletts und funktionieren nach demselben Prinzip. Allerdings liegen in den Wannen unterschiedliche Materialien *in einer großen Fülle* bereit, ergänzt von Werkzeugen und / oder anderem Zusatzmaterial. Je nach Spielangebot haben die Wannen einen hohen oder einen niedrigeren Rand, jeweils so, dass Kinder die Materialien und die Werkzeuge darin gut handhaben können.

Es bietet sich an, den Kindern entsprechende Tabletts oder Wannen bereitzustellen, die mit abwechslungsreichen Übungsthemen und entwicklungsentsprechenden Materialien ausgestattet sind.

Spielerisch die Welt entdecken

Tabletts und Wannen bieten ein breites Spektrum an Einsatzmöglichkeiten. Vier Bereiche, die für Krippenkinder besonders geeignet sind, stelle ich Ihnen im Folgenden mit praktischen Beispielen vor.

Dabei geht es um:

1. **Aktionstabletts mit Materialien zum Drehen, Drücken, Ziehen**

2. **Aktionstabletts und -wannen mit Materialien zum Ein-, An- und Aufstecken**

3. **Aktionstabletts und -wannen mit Materialien zum Öffnen und Schließen**

4. **Aktionstabletts und -wannen mit Materialien zum Entdecken und Staunen**

Die Angebote schulen unterschiedliche Fertigkeiten und Fähigkeiten, in denen sich die Krippenkinder spielerisch üben können.
Den Schwerpunkt bildet jeweils die Förderung der Hand. Ihr kommt im Entwicklungsprozess eine besondere Rolle zu. Schließlich ist sie das ausführende Organ, mit dem das Kind sich handelnd mit der Welt auseinandersetzt. Vielfältige und abwechslungsreiche Angebote, in denen das Kind im Wortsinn *handelnd* tätig sein kann, unterstützen es darin, selbstständig zu werden und sich die Welt mehr und mehr anzueignen.

Bevor es losgeht

Doch bevor es losgeht, möchte ich Ihnen noch ein paar Tipps geben, die die Arbeit mit den Aktionstabletts und -wannen bei den Jüngsten erleichtern.

- Probieren Sie jedes Angebot aus, bevor Sie es den Kindern zur Verfügung stellen. Dadurch erkennen Sie, ob alle benötigten Materialien vorhanden sind. Außerdem können Sie prüfen, welche einzelnen Handlungsschritte nötig sind, damit die Übung den Kindern gelingt und ihnen Spaß macht.

- Reduzieren Sie das Angebot eines Tabletts / einer Wanne immer nur auf das Wesentliche (sowohl von der Anzahl der Materialien als auch z. B. von der Farbe und dem Thema her). Dies ist gerade für junge Kinder wichtig. Es garantiert, dass sie nicht abgelenkt oder überfordert werden und stattdessen ganz konzentriert tätig sein können.

- Achten Sie darauf, dass sich auf dem Tablett / in der Wanne immer alle zu dem jeweiligen Angebot notwendigen Materialien befinden. So kann das Kind direkt mit dem Spiel beginnen und es von Anfang bis Ende durchführen.

- Es hat sich bewährt, dass jedes Tablett / jede Wanne ihren festen Platz im Raum hat. Diesen können Sie z. B. mit einem Foto deutlich kennzeichnen. So wissen die Kinder immer, wo sich welches Spiel befindet. Das Tablett / die Wanne wird nach dem Spiel auch wieder an ihren Platz zurückgebracht.

- Das Tablett / die Wanne dient nicht nur dazu, die Materialien vom Regal zum Tisch oder Teppich zu tragen. Beides ist in der Regel gleichzeitig auch als Spielfläche gedacht. Dadurch verteilen und verlieren sich die Materialien nicht auf dem Tisch oder dem Teppich. Die Tabletts und Wannen sollten also groß und flach genug sein, damit das Kind darauf tätig werden kann.

- Beobachten Sie die Kinder immer wieder, wenn sie mit den Tabletts / Wannen arbeiten. So können Sie z. B. feststellen, wer evtl. mit welchen Tätigkeiten Probleme hat, ob die Übungen die Kinder über- oder unterfordern, ob sie überhaupt ihr Interesse wecken oder wann sie ausgedient haben und einem neuen Angebot Platz machen können.

- Bieten Sie den Kindern nur solche Materialien an, die ungefährlich sind, die die Kinder also z. B. nicht verschlucken, nicht in Körperöffnungen stecken, sich nicht damit schneiden oder sich nicht die Finger quetschen können.

- Kontrollieren Sie regelmäßig die Tabletts. Entsorgen und ersetzen Sie, was kaputt ist oder fehlt. Dadurch haben alle lange Freude an den Angeboten.

Übung macht den Meister

Lassen Sie dem Kind genügend Zeit, um die Angebote auf dem Tablett / in den Wanne so oft es möchte zu wiederholen. Manches Kind beschäftigt sich über Tage oder sogar mehrere Wochen immer wieder und sehr intensiv mit der gleichen Übung. Gerade in der Wiederholung der Tätigkeit lernt es seine Handlungen, Denkstrukturen und Bewegungsabläufe mehr und mehr zu beherrschen, zu verfeinern und zu automatisieren. Geben Sie dem Kind also unbedingt den Raum, die Ruhe, die Zeit und die Sicherheit, die es braucht.
Unterbrechen sie das Kind nicht, wenn es z. B. einen „Fehler" macht. Übung macht schließlich den Meister – und da gehört es absolut dazu, die unterschiedlichsten Wege auszuprobieren, um ans Ziel zu gelangen.

Werden Sie selbst aktiv!

Die in diesem Buch vorgestellten Tabletts und Wannen geben nur einen kleinen Einblick in das, was möglich ist. Es gibt so viele weitere Möglichkeiten! Beobachten Sie also „Ihre" Kinder, um zu erkennen, welche Themen, welche motorischen Herausforderungen usw. gerade anstehen. Und dann: Werden Sie aktiv und kreieren Sie eigene, ganz auf die Krippenkinder abgestimmte Tabletts und Wannen! Oder variieren und ergänzen Sie bereits bestehende Angebote. Auch das ist möglich. Die Kinder unterstützen Sie gerne dabei.

Und nun wünsche ich Ihnen und den Kindern viel Freude mit den Angeboten, die ich für Sie zusammengestellt habe.

Jutta Bläsius

Drehen, drücken, ziehen

Schüttelgläser, eine mit Gel gefüllte Vorlage und Magnete laden dazu ein, Materialien zu drehen, zu drücken oder abzuziehen.
Dies trainiert die Handmotorik, insbesondere die Fingermuskulatur der Kinder. Und nebenbei macht es auch noch Spaß.

Schüttelgläser

• **Material:** 2–3 kleine Gläser mit Schraubdeckel, Sand, 2–3 kleine Gegenstände, Klebepistole mit Kleber oder Klebestreifen, Tablett

Vorbereitung

Geben Sie in jedes Glas einen der kleinen Gegenstände. Füllen Sie die Gläser dann mit Sand. Kleben Sie den Deckel auf die Gläser, damit der Sand nicht herausrieseln kann.

So geht's

Nehmen Sie ein beliebiges Glas. Drehen und schütteln Sie es, bis sich der darin versteckte Gegenstand zeigt. Drehen Sie das Glas weiter, sodass sich immer wieder eine neue Sicht auf den Gegenstand ergibt.
Fragen Sie das Kind, ob es erkennen kann, was sich da versteckt.
Geben Sie ihm das Glas, sodass es den Gegenstand aus unterschiedlichen Perspektiven betrachten kann.

Tipp

Tauschen Sie von Zeit zu Zeit die Gegenstände in den Gläsern aus. So bleibt das Angebot immer wieder spannend.
Neben dem Sand können weitere Materialien den Blick auf den Gegenstand „verdecken". Hierzu eignen sich z. B. Papierschnipsel, Sägespäne, kleine Kieselsteine, Erde. Je nach Material verändert sich auch das Gewicht des Glases, sodass die Handmuskulatur unterschiedlich stark gefordert wird.

Augenwischerei

- **Material:** Gefrierbeutel mit Zipp-Verschluss, Haargel, Lebensmittelfarbe, wasserfester Stift, Wackelaugen, Gewebeklebeband, Tablett

Vorbereitung

Malen Sie mit dem Stift unterschiedlich große Gesichter auf den Gefrierbeutel (ohne Augen!). Geben Sie das Haargel, die Wackelaugen und ein wenig Lebensmittelfarbe in den Beutel. Verschließen und verkleben Sie ihn mit dem Gewebeband. Verteilen Sie mit den Fingern die Farbe im Beutel. Legen Sie den Beutel auf ein passendes Tablett.

So geht's

Zeigen Sie dem Kind, wie es ein Wackelauge mit den Fingerspitzen in ein Gesicht schiebt.

Fordern Sie es auf, tätig zu werden und die restlichen Augen an ihren Platz zu schieben. Hat jedes Gesicht zwei Augen (vielleicht aber auch mehr oder weniger), ist das Spiel beendet.

Tipp

So wird es schwieriger: Geben Sie unterschiedlich große Wackelaugen in den Beutel. Das Kind soll jeweils die Augen in gleicher Größe zu den Gesichtern schieben.

Herr und Frau Drückmich

- **Material:** 2 Luftballons, Trichter, Mehl, wasserfester Stift, Wolle, Tablett

Vorbereitung

Stecken Sie den Trichter in den Luftballon und füllen Sie Mehl ein, bis der Luftballon gut gefüllt ist. Verknoten Sie ihn. Befestigen Sie die Wolle an dem Knoten. Malen Sie zum Schluss ein Gesicht auf den Ballon. Verfahren Sie mit dem zweiten Luftballon ebenso.

So geht's

Das Kind kann den Ballon kräftig mit einer oder mit beiden Händen kneten.
Es lassen sich auch einzelne Finger in den Ballon drücken. Dadurch verändert sich immer wieder die Form des Ballons und die aufgemalten Gesichter schneiden lustige Grimassen.

Lächelnde Blumen

• **Material:** 4–6 farbige Smiley-Magnete, Körbchen, selbst hergestellte Blumen in den Farben der Smileys, Magnettafel (z. B. Tablett), Tablett

Vorbereitung

Stellen Sie die Blumen aus dem farbigen Papier her. Laminieren Sie sie anschließend, damit sie lange haltbar sind. Legen Sie sie auf die Magnetfläche.

So geht's

Nehmen Sie einen beliebigen Smiley und suchen Sie die dazu farblich passende Blüte. Legen Sie den Magnet auf die Blume, sodass er an der Unterlage „klebt". Wiederholen Sie dies mit einem weiteren Smiley. Dann kann das Kind damit arbeiten.
Sind alle Gesichter den passenden Blumen zugeordnet, werden die Magnete wieder abgezogen und zurück in das Körbchen gelegt.

Ein-, an- und aufstecken

Kleine Haargummis spannen, Eicheln einstecken, Wäscheklammern handhaben oder Perlen auffädeln – all dies stellt für junge Kinder noch eine große Herausforderung dar.
Mit entsprechenden Übungen können sie sich jedoch immer wieder darin üben und spielerisch die Muskulatur der Hände und der Finger, die Feinmotorik, den Pinzettengriff, die Auge-Hand-Koordination und die Konzentration trainieren.

Kullernde Eicheln

• **Material:** Eicheln, 2–3 unterschiedlich dicke Schläuche (Baumarkt), Wanne mit hohem Rand

Vorbereitung

Prüfen Sie, ob die Eicheln durch die Schläuche passen.

So geht's

Nehmen Sie eine Eichel und stecken Sie sie in die Öffnung eines beliebigen Schlauches. Machen Sie das Kind darauf aufmerksam, wie die Eichel durch den Schlauch in die Wanne fällt (optisch und akustisch).
Wiederholen Sie dies mit weiteren Eicheln.
Lassen Sie dann das Kind tätig werden.

Nicht immer ist es möglich, mit den Kindern hinaus in die Natur zu gehen. Warum also nicht die Natur ins Haus holen? Mit Aktionswannen ist dies problemlos möglich. In einem anderen Kontext als im Freien und mit zusätzlichen Gegenständen und Werkzeugen können die Kinder damit experimentieren, unterschiedliche Sinneserfahrungen sammeln und Neues entdecken.

Sonne, Igel, Schmetterling

- **Material:** Wäscheklammern, Vorlagen (z. B. Sonne, Igel, Schmetterling), flache Wanne

Vorbereitung

Die Vorlagen – Sonne, Igel oder Schmetterling – selbst herstellen: Umrisse aufzeichnen, ausschneiden und dann laminieren.

So geht's

Nehmen Sie eine Wäscheklammer und zeigen Sie dem Kind, wie sie geöffnet und geschlossen wird.
Klammern Sie die Wäscheklammer dann an eine der Vorlagen.
Wiederholen Sie dies mit zwei bis drei weiteren Klammern.
Gehen Sie dabei langsam vor, damit das Kind die einzelnen Handlungen gut beobachten kann.
Laden Sie das Kind dann ein, selbst tätig zu werden.

Beim Öffnen und Schließen der Wäscheklammern schulen die Kinder insbesondere ihre Auge-Hand-Koordination, die Feinmotorik, die Fingermuskulatur und die Kraftdosierung.

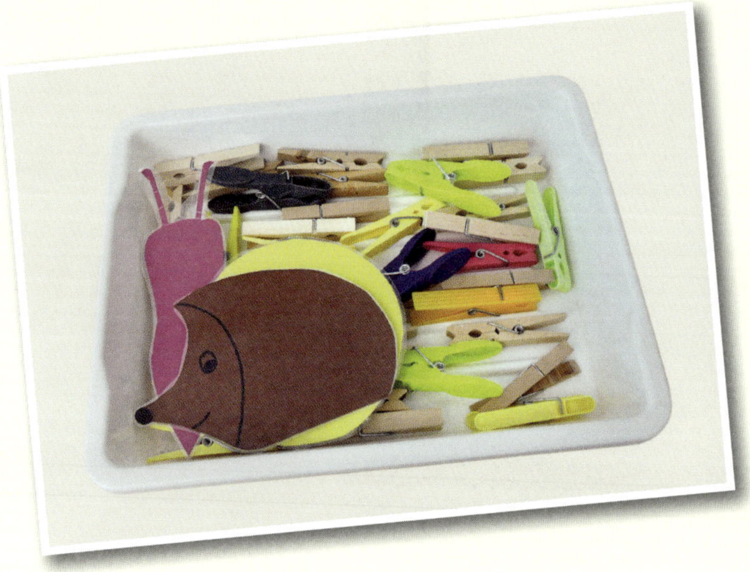

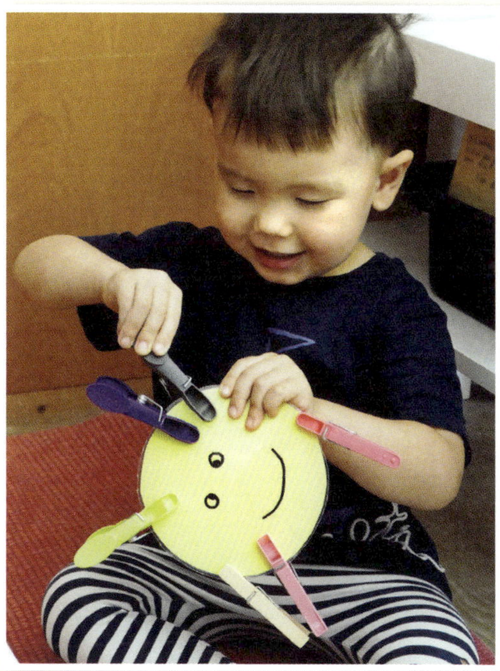

Gummis aufstecken

- **Material:** Küchenrollenhalter aus Holz, Haargummis, kleines Körbchen, Tablett

Vorbereitung

Sägen Sie ein Stück des Küchenrollenhalters ab. Dadurch ist er nicht mehr so hoch und die Kinder können besser damit arbeiten.

So geht's

Nehmen Sie ein Haargummi und ziehen Sie es etwas auseinander.
Ziehen Sie es über die Stange bis nach unten.
Verfahren Sie mit einem weiteren Gummi ebenso.
Laden Sie dann das Kind ein, tätig zu werden.
Sind alle Gummis auf der Stange, werden sie wieder entfernt, sodass das nächste Kind damit spielen kann.

Perlen „stricken“

- **Material:** Stricknadel mit Nylonschnur, 8–10 große Perlen, Körbchen, Tablett

Vorbereitung

Prüfen Sie, ob alle Perlen auf die Nadel passen, sowohl mengenmäßig als auch von der Lochgröße her.

So geht’s

Nehmen Sie die Stricknadel und fädeln Sie eine Perle auf.
Geben Sie die Nadel dem Kind und lassen Sie es weiterarbeiten.
Sind alle Perlen aufgefädelt, werden sie wieder zurück in das Körbchen gelegt.

Tipp

So wird es schwieriger: Sind die Kinder darin geübt, die Perlen aufzufädeln, können Sie ihnen Perlen in unterschiedlichen Größen und Formen auf dem Tablett anbieten.

Öffnen und schließen

Dinge wie Dosen, Geldbeutel oder Flaschen zu öffnen und zu schließen macht jungen Kindern sehr viel Spaß. Schließlich kennen sie die Gegenstände aus dem Alltag und sie lieben es, so wie die Erwachsenen damit zu hantieren.
Gezielt greifen, festhalten, drücken, ziehen – das sind Tätigkeiten, die nötig sind, um die angebotenen Materialien zu handhaben. Das fordert die Feinmotorik!

Geldbörsen füllen

• **Material:** 4–6 kleine Geldbeutel mit unterschiedlichen Verschlussmechanismen, Spielgeld, kleines Schälchen, Tablett

So geht's

Zeigen Sie dem Kind, wie die einzelnen Börsen geöffnet und geschlossen werden. Das Kind kann dann selbstständig tätig werden und die Geldbeutel mit dem Spielgeld füllen.

Tipp

So wird es schwieriger: Stellen Sie den Kindern neben den Spielgeld-Münzen auch Spielgeld-Scheine zur Verfügung. Es ist schon recht kniffelig, diese knitterfrei in die Geldbeutel einzustecken.

Ab in die Dosen

- **Material:** 5–7 Dosen mit gleichem Mechanismus zum Öffnen und Schließen (z. B. zum Drehen oder Aufdrücken); kleine Gegenstände, die in die Dosen passen; Schälchen; flache Wanne

So geht's

Wählen Sie eine beliebige Dose und zeigen Sie dem Kind, wie sie geöffnet wird.
Suchen Sie einen Gegenstand aus dem Schälchen, der in die Dose passt.
Legen Sie ihn hinein und verschließen Sie die Dose. Arbeiten Sie mit langsamen und deutlichen Bewegungen.
Laden Sie nun das Kind ein, sich ebenfalls eine Dose zu suchen, sie zu öffnen, einen Gegenstand hineinzulegen und sie zu verschließen.
Gelingt dies dem Kind, kann es allein weiterarbeiten.
Hat es Probleme, die Dose zu öffnen oder zu schließen, so zeigen Sie ihm noch einmal, wie es geht.
Sind alle Dosen gefüllt, werden sie wieder geöffnet und die Gegenstände kommen zurück in die Wanne.

Tipp

So wird es schwieriger: Bieten Sie den Kindern Dosen mit unterschiedlichen Mechanismen zum Öffnen und Schließen an.

Parfümflaschen

• **Material:** 4–6 Parfümflaschen mit Deckeln zum Aufstecken, kleines Körbchen, Tablett

So geht's

Nehmen Sie eine Parfümflasche und suchen Sie den dazu passenden Deckel. Setzten Sie ihn auf und stellen Sie die Parfümflasche zur Seite. Laden Sie das Kind dazu ein, sich ebenfalls eine Flasche zu nehmen und mit dem passenden Deckel zu verschließen. Gelingt ihm dies, kann es allein weiterarbeiten.

Hat es Probleme, den passenden Deckel zu finden oder aufzusetzen, zeigen Sie ihm noch einmal, wie es geht.

Sind alle Deckel den Flaschen zugeordnet, werden sie wieder abgenommen und zurück in das Körbchen gelegt. Das Kind kann die Übung wiederholen oder das Tablett zurück an seinen Platz bringen.

Tipp

So wird es schwieriger: Stellen Sie den Kindern Parfümflaschen mit unterschiedlichen Deckeln zur Verfügung (z. B. zum Aufschrauben).

THE
MAN

Reebok

Sehen, entdecken, staunen

Kleine Spiegel, rieselnder Sand oder eine ganze Wanne voller Papierschnipsel laden die Kinder zum Entdecken und Staunen ein.
Es wird fleißig Sand gelöffelt, die Kinder betrachten sich in unterschiedlichen Spiegeln oder ertasten Gegenstände. Auch hier sind also wieder die Hände im Spiel.
Und ein klein wenig trägt es sicher auch zur Entspannung bei, wenn die Kinder sich selbst im Spiegel bestaunen oder dem Sand beim Herunterrieseln zuschauen.

Rieselnder Sand

- **Material:** Sand, verschiedene Behälter, Löffel, Wanne mit hohem Rand

Vorbereitung

Mit einem Nagel Löcher in die Behälter bohren.

So geht's

Nehmen Sie einen beliebigen Behälter.
Stellen Sie ihn in den Sand und füllen Sie ihn damit.
Heben Sie ihn hoch und machen Sie das Kind darauf aufmerksam, wie der Sand durch die Löcher rieselt.
Ist der Behälter leer, laden Sie das Kind dazu ein, tätig zu werden.

Arbeiten die Kinder das erste Mal mit einer Wanne, werden die Materialien zunächst erfühlt, untersucht, erforscht und im Rahmen der bisher erworbenen Kenntnisse, Fähigkeiten und Fertigkeiten einsortiert. Im zweiten Schritt bilden sich dann durch die vorgegebene Struktur und Aufgabenstellung der Wanne weitere Erfahrungen und Erkenntnisse.

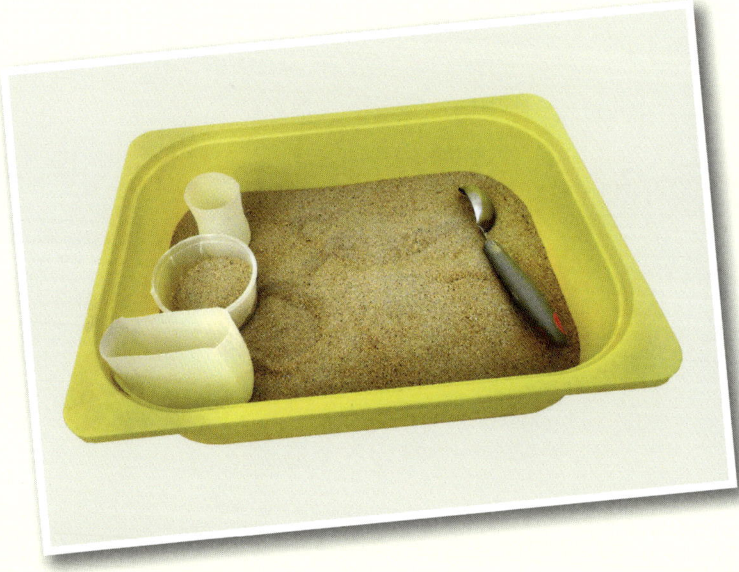

Was versteckt sich da?

- **Material:** Papierschnipsel aus dem Schredder, 5–6 Gegenstände (z. B. Pompon, Holzring, Murmel, Wäscheklammer usw.), kleines Körbchen, Wanne mit hohem Rand

So geht's

Zeigen Sie dem Kind die unterschiedlichen Materialien und benennen Sie sie gemeinsam.

Geben Sie dann alle Gegenstände in die Wanne und verstecken Sie sie unter den Schnipseln.

Laden Sie nun das Kind ein, die einzelnen Dinge wiederzufinden.

Alle gefundenen Teile kommen in das Körbchen. Machen Sie das Kind darauf aufmerksam, dass keine Papierschnipsel mehr daran hängen sollten.

Das Spiel ist beendet, wenn sich nichts mehr in der Wanne versteckt.

Tipp

So wird es schwieriger: Legen Sie nur weiße oder transparente Gegenstände in das Körbchen. Sie sind besonders schwer zu finden, da sie die gleiche Farbe wie die Schnipsel haben.

Schäfchenweiß und Eselgrau

- **Material:** 5–6 kleine Gegenstände in einer Farbe (Trauben, kleines Schweinchen, Schäfchen, Kastanie o. Ä.), kleines Körbchen, Farbtäfelchen (selbst hergestellt oder aus dem Montessori-Material) in den Farben der Gegenstände, kleines Kästchen, Tablett

So geht's

Benennen Sie gemeinsam mit dem Kind die Gegenstände.
Laden Sie es dann dazu ein, einen Gegenstand auszusuchen und ihm das passende Farbtäfelchen zuzuordnen.
Vielleicht kennt das Kind sogar die Farbe schon. Wenn nicht, benennen Sie sie. Verfahren Sie mit den restlichen Gegenständen ebenso.
Sind alle Farben den Materialien zugeordnet, ist das Spiel zu Ende.
Das Kind räumt das Tablett wieder weg oder es wiederholt die Übung.

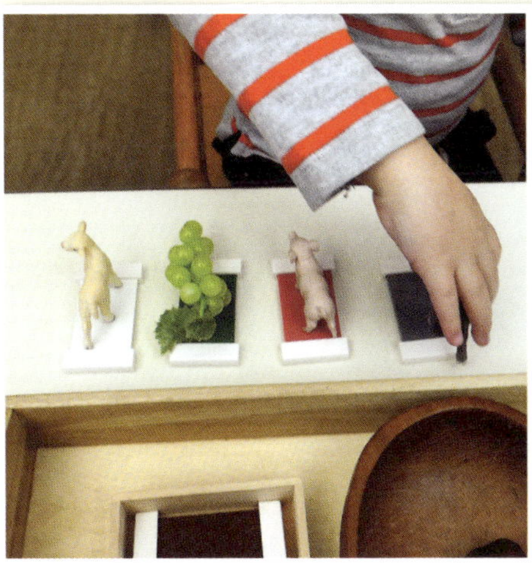

Spiegelspielereien

• **Material:** 4–5 unterschiedliche Spiegel (mit Deckel zum Öffnen und Verschließen), Tablett

So geht's

Nehmen Sie einen Spiegel, der sich aufklappen lässt, und zeigen Sie dem Kind, wie er geöffnet wird.
Lassen Sie das Kind in den Spiegel schauen und sich selbst darin erkennen.
Zeigen Sie dem Kind weitere Spiegel, die sie mit langsamen und deutlichen Bewegungen öffnen und schließen.
Lassen Sie es dann allein weiterspielen.

Kaleidoskope und Fliegenaugen

- **Material:** 4–5 Kaleidoskope (oder Fliegenaugen), Tablett

So geht's

Zeigen Sie dem Kind ein beliebiges Kaleidoskop (oder Fliegenauge) und benennen Sie es.

Machen Sie das Kind darauf aufmerksam, wie es das Kaleidoskop / das Fliegenauge halten muss, damit es durchschauen kann.

Gerade für junge Kinder ist dies nicht ganz einfach. Aber mit ein wenig Übung gelingt es den Kindern recht schnell zu erkennen, worum es geht.

Tipp

So wird es einfacher: Bieten Sie den Kindern nach Möglichkeit zu Beginn Kaleidoskope an, die mit Flüssigkeit gefüllt sind. Diese müssen sie während des Betrachtens nicht drehen, um die für ein Kaleidoskop typischen Muster zu erzeugen.

Bisher in dieser Reihe erschienen

Mareike Völkel
Spielen mit Krippenkindern: Morgenkreis
48 Seiten | Geheftet
ISBN 978-3-451-39400-3

Mit neuen Ideen für den Morgenkreis durch das Jahr. Diese 14 Ideen für den Morgenkreis mit Kindern sind praxiserprobt und speziell auf die Bedürfnisse der Jüngsten zugeschnitten. Einfache und schöne Ideen, wie der Start in den Tag mit Krippenkindern gelingt.

Nicole Hanck
Spielen mit Krippenkindern: draußen
48 Seiten | Geheftet
ISBN 978-3-451-39455-3

Wo geht das Entdecken mit allen Sinnen besser als in der freien Natur? In diesem mit zahlreichen Farbfotos übersichtlich gestalteten Praxisbuch erfahren pädagogische Fachkräfte, wie sie die Entdeckungsreisen von Krippenkindern im Lauf der Jahreszeiten bewusst gestalten und begleiten können.

Mareike Völkel
Spielen mit Krippenkindern: Mit Ritualen durch den Tag
48 Seiten | Geheftet
ISBN 978-3-451-39084-5

Rituale geben den Jüngsten Orientierung im Tagesablauf. Gerade Übergänge und Mikrotransitionen können mit Ritualen (Fingerspielen, Spielen, Liedern etc.) begleitet werden und erleichtern sie den unter Dreijährigen so deutlich. Diese Ideen sind speziell für den Tagesablauf mit den Kleinsten konzipiert und haben sich in der Praxis bewährt.

In jeder Buchhandlung!

HERDER

www.herder.de